Extrait de la *REVUE DE L'ANJOU*

CONGRÈS ARCHÉOLOGIQUE

DE

SAUMUR-ANGERS

PAR

Camille BALLU

ANGERS

G. GRASSIN, IMPRIMEUR-ÉDITEUR

40, rue du Cornet et rue Saint-Laud

—

1911

Extrait de la *REVUE DE L'ANJOU*

CONGRÈS ARCHÉOLOGIQUE

DE

SAUMUR-ANGERS

PAR

Camille BALLU

ANGERS

G. GRASSIN, IMPRIMEUR-ÉDITEUR

40, rue du Cornet et rue Saint-Laud

—

1911

CONGRÈS ARCHÉOLOGIQUE

DE

SAUMUR-ANGERS

———

Le lundi, 13 juin dernier, s'ouvrait à Saumur la soixante-dix-septième session du Congrès de la Société française d'Archéologie de France, créée en 1834 par M. de Caumont, pour la conservation des monuments historiques. Déjà la vingt-neuvième session s'y était tenue sous la présidence de son fondateur, en 1862; des Angevins, dont l'érudition a laissé dans notre pays des souvenirs ineffaçables, lui avaient apporté le concours éclairé de leur savoir : MM. Godard-Faultrier, d'Espinay, Joly-Leterme, l'abbé Briffault, Louvet et des voisins des Deux-Sèvres, MM. Hugues Imbert et Bélisaire-Ledain s'étaient joints à eux, ainsi que du Poitou, le Dr Gilles de la Tourette. Grâce à ces efforts et à l'entraînement d'une génération formée à l'école du Maître, en faveur de cette science alors nouvelle, des travaux remarquables sortirent de ce Congrès. Aussi n'était-ce pas sans une curiosité inquiète qu'on voyait la Société convier, à un demi-siècle près d'intervalle, les archéologues à ce nouveau tournoi.

Cependant le succès s'affirmait dès avant son ouverture; parsuite du désir plus vif de tous d'apprendre et de connaître, plus de 200 membres répondaient à l'appel de la Société, attirés de tous les points de la France par le charme des rives de la Loire et l'attrait si vanté, mais non surfait, des monuments de notre région.

L'importance des travaux entrepris pour la restauration de quelques-uns d'entre eux, particulièrement au château de Saumur et à l'église abbatiale de Fontevrault, sous l'habile direction de M. Lucien Magne, inspecteur des monuments historiques, qui devait se faire l'aimable et savant cicérone de ses collègues de la Société, n'était pas fait pour amoindrir l'intérêt de cette réunion dont le programme très varié comprenait : l'archéologie préhistorique et gallo-romaine, les architectures gothique au XIIe et XIIIe siècles (spécialement les voûtes domicales) militaire et civile; les objets artistiques mobiliers, d'ornementation des églises et des musées, enfin la numismatique.

La présidence d'honneur de la séance d'ouverture avait été donnée à notre compatriote M. René Bazin, membre de l'Académie Française, et celle effective à M. Lefèvre-Pontalis, directeur de la Société; M. le chanoine Urseau remplissait les fonctions de secrétaire général et le ministère avait délégué M. Héron de Villefosse pour le représenter. Un guide indicateur des principaux monuments à visiter, destiné à servir d'introduction au volume du compte rendu des travaux du Congrès, avait été rédigé par M. le chanoine Urseau pour Angers et M. André Rhein en ce qui concerne Saumur. Le programme détaillé des excursions avait d'ailleurs été dressé par les soins du Secrétariat et envoyé avec l'horaire définitif des journées à tous les congressistes.

La première séance s'est tenue à l'Hôtel de Ville de Saumur mis gracieusement à la disposition des membres du Congrès par M. Peton, maire, qui leur souhaita la bienvenue en termes pleins d'affabilité et de courtoisie ; il rappela les noms des hommes qui ont illustré la Société et honoré l'ascience archéologique en Anjou et rendit un hommage non moins mérité à ceux qui continuent les traditions de ces dignes pionniers qui ont conservé à l'admiration publique des monuments d'un autre âge, dont il signale tout l'intérêt ; enfin, il leur promet un accueil amène et empressé et il annonce la frappe par un habitant de Saumur d'une médaille commémorative de leur passage à l'effigie de la Ville.

Puis M. René Bazin a dit, en sa qualité d'enfant de ce beau pays d'Anjou qu'il aime tant à décrire, la séduction de son ciel, des eaux de ses rivières et l'attirance de ses lumineux paysages aux horizons larges, doucement estompés dans le bleu de ses collines lointaines ; il a rappelé le caractère de ses habitants et particulièrement de ceux de la *vallée* de la Loire repoussant pour eux l'épithète de « *molles* ». Puis il a parlé de ses monuments, défendu, comme Rodin, ses églises, temples de l'art et écoles de morale élevés par la foi de nos pères, malheureusement en pierres de tuffeau, blanches et dociles sous le ciseau du sculpteur, mais friables et promptes à se moisir aux intempéries de l'air. Il a terminé en souhaitant aux archéologues de faire quelques découvertes, d'aimer les choses qui furent déjà décrites et de garder un souvenir à la province amie qui les accueille si volontiers.

M. Héron de Villefosse prend ensuite la parole et, après avoir félicité notre pays de son attachement à ses monuments, redit la contribution importante qu'il a fournie au Musée du Louvre par la découverte du *trésor* d'Allençon avec son *sacellum*, ses bas-reliefs, ses canthares, ses patères, qui semblent bien composer les objets servant au culte de Minerve dans quelque temple voisin qui lui était consacré ; il rappelle quel est le but de la Société et adresse des éloges à M. Lefèvre-Pontalis pour la voie scientifique dans laquelle il a su la maintenir.

Celui-ci remercie le Maire et le Conseil municipal de Saumur, M. René Bazin, le délégué du Ministre et les membres éminents qui ont bien voulu collaborer à l'organisation et au succès du Congrès par leur présence, notamment

MM. J. Guiffrey, directeur des Gobelins, M. Lucien Magne, Sir John Wilson, architecte anglais, Louis de Buggemins, délégué de la Société royale de Belgique, le chanoine Urseau, Louis de Farcy, André Rhein, Gabriel Fleury et Robert Triger, du Maine.

Alors commence la visite aux monuments de la ville par l'église de Nantilly, la plus ancienne et la plus intéressante, tant par son architecture que par les curiosités qu'elle renferme. M. Magne, qui en a été l'intelligent restaurateur après M. Joly-Leterme, fournit des explications très sûres et très claires sur les modifications qu'elle a subies, les additions faites à sa construction primitive et les époques auxquelles elles ont eu lieu.

M. J. Guiffrey donne, avec l'autorité qui s'attache à son nom, des explications fort appréciées sur la magnifique suite de tapisseries que possède Nantilly, la plus complète qu'il connaisse, dit-il, de cet art bien français, et saumurois aurait-il pu ajouter, car c'est le premier dont il soit fait mention dans l'histoire industrielle de notre pays puisqu'il remonte au ixe siècle et Saint-Florent fournissait déjà au xe siècle les autres abbayes, notamment celle de Micy (Loiret), de dosserets, courtines, baucquiers et tentures de diverses sortes.

Ensuite les congressistes se rendent au *château*, qui par l'enclos du collège de jeunes filles, qui par la montée du château. M. Magne se fait encore le cicérone érudit et obligeant de tous ; il rappelle comment, lors de son travail sur le Palais des ducs d'Aquitaine, à Poitiers, il fut amené à consulter divers manuscrits du Musée Condé à Chantilly et crut reconnaître dans le fond de décor d'une enluminure du livre d'*heures* du duc de Berry, représentant une scène de vendanges, la silhouette du château de Saumur au xve siècle. Tous les détails rapprochés de nouveau corroborèrent son assertion et devinrent le point de départ d'un projet de restauration qui se poursuit avec autant de

s.oin que de bon goût. La ville de Saumur, remise en posses-
sion de ce trésor artistique, a décidé d'en faire son musée.
L'examen des travaux intérieurs, très avancés, donne à
M. Magne l'occasion de nous entretenir de la découverte
faite durant leur cours, dans les décombres des plan-
chers, de carreaux employés au dallage, de dessins variés
en terre brune, sans *couverte* d'émail, de différentes couleurs.
remontant au xiiie siècle. Longtemps on avait cru que la
France était en ce genre tributaire de l'Espagne, mais ces
spécimens de la céramique française prouvent qu'elle s'était
affranchie depuis longtemps de l'imitation hispano-mau-
resque de faïences à reflets irisés ou métalliques. Des
aquarelles du maître attachées au mur, prestement lavées,
et des imitations modernes de ces dallages, qui les rempla-
ceront, servent à compléter les explications qu'il donne de
leur fabrication.

De là, après avoir contourné l'enceinte du château, d'un
côté, par les douves, on descend la grande rue, celle du
Plessis-Mornay et on arrive à l'église *Saint-Pierre*, où des
observations sont présentées par M. Lefèvre-Pontalis sur les
parties composant l'édifice et les diverses époques auxquelles
elles ont été construites : xiie, xiiie et xive siècles. M. Guiffrey veut bien de nouveau expliquer à ses collègues tout
l'intérêt qu'offrent les tapisseries du xvie siècle formant
des suites très remarquables de la vie de saint Florent,
de 6 pièces, don de l'abbé Jacques Leroy au xvie siècle,
comme en témoigne la légende; et une autre de la vie de
saint Pierre en 5 pièces. Tandis que les membres du Congrès
se répandent dans l'église, les uns s'arrêtant devant les
stalles du xve siècle, d'autres en présence du sarcophage de
la Dame de Boumois, les plus pressés, déjà sortis, admirent
la façade, la porte romane du Sud-Ouest (xie siècle), ainsi
que la maison ancienne voisine.

Enfin, le Congrès termine ses visites par celle de la
Chapelle Saint-Jean, dont la désaffectation a entraîné la mise

sous scellés, levés à cette occasion. C'est une ancienne dépendance de la commanderie de Malte qui a été déjà restaurée en 1863 et remonte au XIIᵉ siècle. Ses voûtes présentent un type élégant du style dit Plantagenet, mais l'état d'humidité qu'entretiennent sa fermeture et sa situation en contre-bas du sol compromet son existence même et provoque les regrets et les appréciations fâcheuses des membres, qui taxent d'incurie le délaissement de ce petit bijou d'architecture.

La Municipalité avait convié, le soir, à 9 heures, les Congressistes et les membres de la Société des Lettres, Sciences et Arts de Saumur à une réception ouverte qui réunissait presque tous ses adhérents, dans la très belle salle des mariages de l'Hôtel de Ville. Un buffet avait été dressé pour un vin d'honneur ; en levant son verre, M. Peton, maire, évoque en une gracieuse image, le souvenir de l'accueil chaleureux qui fut fait en Grèce à M. Magne, rapporte ce dernier dans son *Histoire du Parthénon*, par les paysans accourus pour lui offrir leurs plus belles fleurs et leurs fruits les plus savoureux. A leur exemple, les vignerons du Saumurois, dit-il, vous offrent ce qu'ils ont de meilleur, le vin de leurs coteaux, et il porte la santé des dames, grâce et parure du Congrès, qui accompagnent les archéologues, et de ceux-ci. A son tour, M. Mitonneau, adjoint, excusant le Maire d'Angers, empêché, donne l'assurance aux invités qu'ils ne trouveront pas un empressement moins vif de la part du chef-lieu du département à les recevoir.

M. Lefèvre-Pontalis remercie, au nom de ses collègues, M. le Maire de Saumur de sa brillante et cordiale réception, ainsi que la municipalité d'Angers de ses bienveillantes dispositions, exalte les qualités pleines de courtoisie des habitants, loue les curiosités artistiques et archéologiques que réserve le Saumurois aux membres du Congrès, qui sont encore sous le charme de leur première excursion, et boit au passé de Saumur et à son avenir.

Deuxième journée (14 juin)

La seconde journée comprenait l'excursion Montsoreau-Candes-Fontevrault. Dès huit heures, le tramway emportait jusqu'à Montsoreau-bourg, par train spécial, sans arrêt à Souzay, les congressistes, qui de là s'acheminent vers le château construit sur les bords du fleuve. C'est un spécimen imposant du château féodal aux xve et xvie siècles. Il défendait naguère le passage de la Loire et garde encore, avec ses deux hautes tours d'angle massives, l'aspect de forteresse menaçante que sa situation lui assigne. M. Magne, en annonçant que le Conseil général vient d'en décider l'acquisition, non pour le restaurer, mais pour le préserver d'une ruine certaine que l'état dans lequel le laissent les divers propriétaires actuels fait déjà pressentir, donne des explications intéressantes sur l'escalier Renaissance, à droite de la cour intérieure et sur les bas-reliefs qui ornent les intervalles des fenêtres qui l'éclairent. Puis, l'on se met en marche vers l'église de Candes, petit bourg d'Indre-et-Loire, d'origine gallo-romaine, très voisin de Montsoreau.

L'église primitive fut fondée par saint Martin, évêque de Tours et dédiée à saint Maurice ; il y établit un collège de clercs et c'est dans ce monastère qu'il mourut. Son successeur, Briccius, fit construire une chapelle sur cet emplacement même [1], mais cette chapelle était bientôt devenue trop étroite pour contenir tous les fidèles que la vénération envers le saint évêque y attirait. Perpetuus, autre évêque, sous Chilpéric, en fit ériger une autre dont Grégoire de Tours nous a laissé une description [2] assez détaillée. C'est cette église que celle actuelle a remplacée au

---

[1] *Ferunt instituisse ecclesias per quosdam vicos. — Briccius edificavit ecclesiam parvulam super corpus beati Martini* (Grégoire de Tours, *Hist. de France*, liv. X).

[2] *Ibid.*, lib. II, § 14.

xiie et au xiiie siècle [1]. Ce qui frappe d'abord dans ce monument c'est son aspect à la fois religieux et militaire d'église fortifiée.

L'abside semi-circulaire est surmontée d'une coupole demi-sphérique et éclairée par cinq fenêtres plein cintre qu'entourent des colonnettes à chapiteaux ornés de feuillages et d'animaux; un cordon court autour de l'hémicycle. Le sanctuaire est formé de deux travées ; les arcs-doubleaux et les nervures reposent sur des colonnes à chapiteaux corinthiens. Dans le mur latéral droit se trouvent deux arcatures et au-dessous une baie cintrée dans laquelle repose sur un soubassement la statue de saint Martin. Toute cette partie appartient au style *romano-byzantin,* du xiie siècle.

M. Lefèvre - Pontalis fait ressortir les caractéristiques qui distinguent cette partie du surplus de l'église. Quoiqu'il n'y ait pas eu, sans doute, un long intervalle entre la construction du *chœur* et du *transept,* celui-ci rappelle trop par son ornementation le style de transition, pour lui assigner une époque antérieure au xiiie siècle.

Le bras droit est ajouré par une fenêtre plein cintre et celui de gauche par une fenêtre ogivale.

La *nef* et ses deux bas côtés sont à même hauteur surmontés de voûtes domicales dont les clés sont ornées à la jonction des nervures de figurines, à l'encontre de celles du sanctuaire qui ne représentent que des têtes de personnages. Les fenêtres qui les éclairent sont plein cintre, sauf celle de la façade occidentale qui est en ogive; des colonnes, sur lesquelles s'appuient les retombées des arcs-doubleaux des bas côtés le long des murs, se terminent à un cordon formant pourtour et s'amortissent sur des dais abritant des statues dont les pieds reposent sur ce

---

[1] On sait par une lettre de Guibert de Gembloux qu'elle n'était pas encore terminée en 1180 quand il vint la visiter. (*Analecta Boll.* t. III (1884); *de cultu S. Martini apud Turonenses, epistolæ quatuor,* pp. 217-257)

cordon, à l'exception des angles où chaque colonne reçoit les arcs-doubleaux.

Trois arcs s'ouvrent sur la nef et les collatéraux, dont l'un est plus élevé que l'autre par suite, sans doute, de la différence d'époque de leur construction ; l'arc *triomphal* est orné de statues à chaque voussure et de sujets historiés dans le goût de ceux qui figurent sur les chapiteaux du XIIe siècle ; celui du sud est orné aussi de trois statues de saint Pierre et deux autres apôtres, ainsi que la Sainte Vierge, entre deux femmes correspondant à chaque voussure.

Les deux premières travées de la nef sont d'une époque antérieure aux deux autres qui suivent. Du côté du nord se présente un beau porche dont la forme carrée s'élève en avant de l'église; un triple rang d'archivoltes orne la porte et est décoré de sujets historiés sur l'iconographie desquels un membre fournit des explications; de chaque côté, des personnages sont placés dans des niches assez mutilées. Le soubassement est chargé de la profusion des sculptures à feuillages et animaux fantastiques, particulière au XIIe siècle, mais ce qui fait l'intérêt de ce porche et excite la curiosité de tous, c'est la voûte en parasol dont les nervures, après s'être épanouies en segments distincts, viennent retomber comme une gerbe sur une seule colonne centrale. Il est surmonté d'un étage où se trouve une chapelle et que dessert un escalier pris dans l'un des contre forts qui flanquent les angles de l'avant-corps, couronnés de mâchicoulis et de parapets crénelés construits au XVe siècle, ainsi que d'un *moucharaby* dominant le porche.

Au rez-de-chaussée de la façade, des statues, qui ne sont achevées que d'un côté et placées dans des niches séparées entre elles par des colonnettes, ornent le soubassement des contreforts et du porche. Au-dessus, une rangée d'arcatures, supportée par des colonnettes abritant des statues, forme un second étage décoratif à cette façade nord. La façade méridionale appartient à la fin du XIIIe siècle ou au commencement du xive siècle. La façade ouest présente les mêmes caractères que celle du midi.

A ce moment-là, les Congressistes sont en grande partie réunis sur le parvis et les marches du *porche*; aussi les photographes en profitent pour prendre un groupe qui doit figurer dans le volume des *Mémoires* de la Société.

Après avoir fait le tour de l'église et visité le *château* de Candes, ancienne résidence des archevêques de Tours, servant aujourd'hui de *gendarmerie*, et le parc qui en dépendait, adjugé en 1781 à M. Caillault, entrepreneur à Saumur, d'où l'on a une vue superbe sur le vaste estuaire que forme le confluent des deux rivières, on revient ensuite à Montsoreau. Puis, en attendant le déjeuner, l'on visite l'église de Monsoreau, bâtie sur l'ancienne *villa* de Rest, centre originaire du bourg, qui n'a rien d'ailleurs de remarquable. Enfin les membres du congrès se dispersent dans les divers hôtels de la localité et le tramway les emporte vers Fontevrault.

Là, nous sommes reçus par M. Lucien Magne, architecte, inspecteur des monuments historiques, chargé par le Ministère de surveiller la restauration de la basilique, et par le Directeur de la Prison, qui a bien voulu lever pour la visite des Congressistes toutes les prohibitions ordonnées par les règlements sur le régime des prisons.

On se rend d'abord à l'église abbatiale, ou *Grand-Moutier*. M. Lefèvre-Pontalis signale les caractères des deux époques qui distinguent le chœur et le transept, œuvre de la fin du xie siècle et la nef unique construite dans la dernière moitié du xiie siècle. Il rappelle les analogies qu'elle présente avec l'abbaye de Saint-Benoist-sur-Loire et celle de Fontgombault, dans l'Indre.

M. Lucien Magne rappelle comment, après une affectation au service des prisonniers en 1804, l'église fut transformée; la nef avait été sectionnée par des murs et des planches et convertie en dortoirs ; d'autre part, au xvie siècle,

Renée de Bourbon, ayant voulu fermer le chœur des religieuses, l'isola du transept nord par une galerie dont le mur était accolé à celui de ce dernier. Louise de Bourbon avait, d'autre part, pour mettre au niveau des cloîtres qu'elle avait construits, fait remblayer le dallage de la nef ; il fallut donc, pour restituer l'église à sa pureté primitive, abattre portes et fenêtres, murs et cloisons avant de restaurer.

Il entretient ensuite le Congrès de la découverte faite quelques jours auparavant (et qu'on a voulu bien à tort considérer comme le résultat d'une mise en scène indigne du caractère de son auteur) des tombeaux des Plantagenet. Déjà on savait, par l'historien de Fontevrault, Honorat Nicquet, que, lors de la clôture du chœur des religieuses et de son isolement de la nef, on avait reculé « les tombeaux et effigies des princes près du pillier où était une image qu'on appelait Notre-Dame des Rois ». C'est donc de ce côté-là (pilier nord-ouest), qu'il dirigea ses recherches et bientôt l'on mit à jour quatre tombeaux correspondant aux noms des personnages dont on avait déjà les statues. Dans le tympan d'un arc de voûte formant caveau étaient figurés trois écussons et des croix dorées sur fond noir ; au-dessous étaient inscrits sur une même ligne les noms des princes et princesses qui y étaient ensevelis. Deux des cercueils, celui de Henri II Plantagenet et d'Isabelle d'Angoulême, qui tenaient les côtés, avaient été raccourcis ; trois de ces tombes contenaient les ossements qui y avaient été renfermés ; le quatrième, en forme de cuve rectangulaire, n'avait pas les dimensions suffisantes pour recevoir un corps, mais à côté, on recueillit des débris d'ossements, de ferrures, de cuir et de clous attachés à des fragments de morceaux de bois qui devaient appartenir à un coffret dans lequel on avait déposé ces restes, qu'on semble avoir voulu honorer d'une vénération particulière en lui donnant la place la plus voisine du chœur.

De l'abbatiale, on se rend à la *Salle capitulaire* ou *Prévôté*, par la partie du grand cloître qui lui donne accès dans celle-ci au moyen d'un magnifique porche qu'on admire beaucoup. Les murs du *Chapitre* sont revêtus de peintures de scènes bibliques, malheureusement très compromises par l'humidité et le temps ; on y a ajouté à diverses reprises des portraits d'abbesses, qu'on attribue au peintre angevin Thomas Pot. Le fils de M. Magne les a copiées avec tout le talent et le soin qu'il apporte à ces reproductions. Peut-être serait-il possible de les utiliser pour constituer une galerie de portraits de la série des abbesses.

Le Congrès s'achemine de là vers la *Tour d'Évrault*, restaurée. M. Magne explique pourquoi, malgré la similitude qu'elle présente avec des constructions analogues qu'on remarque dans d'autres abbayes, il ne croit pas à son affectation aux cuisines de l'abbaye ; l'absence de toute trace de calcination aux murs, dont les pierres n'étaient même pas enfumées, et de cendres dans les fouilles du sol, semblent éloigner cette hypothèse.

On admire enfin l'élégant portail mis à découvert par la démolition des ateliers des détenus.

Les Congressistes se dispersent alors; les uns, pour aller visiter, sous l'obligeante direction du Curé, l'église riche des dépouilles de la grande abbaye; les autres, pour voir le *logis Bourbon*, qu'habitaient Mmes de France, filles de Louis XV, durant leur séjour à Fontevrault, et la *lanterne sépulcrale Sainte-Catherine* érigée dans l'ancien cimetière attenant autrefois à l'église.

Le retour s'effectue par le tramway, avec arrêt à *Notre-Dame-des-Ardilliers*, la magnifique église élevée sur une source jaillissant du coteau, dans un faubourg de Saumur, à la piété des fidèles, avec dôme, fronton triangulaire, chapelles votives et funéraires.

Dans la réunion du soir, à l'Hôtel de Ville de Saumur, M. Lucien Magne entretient l'auditoire de ses découvertes des sarcophages à l'abbaye de Fontevrault et conclut avec une prudente réserve à de nouvelles investigations dont les résultats viendront corroborer ceux déjà obtenus. M. Lefèvre-Pontalis rend hommage à sa science ainsi qu'à son infatigable labeur et, pour lui témoigner la haute estime que la *Société Archéologique* a pour son talent, fait connaître qu'elle lui a décerné la grande médaille de Caumont et à M. le Maire de Saumur une médaille de vermeil, pour l'initiative et la participation qu'il a prises à la restauration du château.

M. de Beauchêne lit un *Mémoire* sur les souvenirs de voyage d'un officier de Louis XIV au cours du xviie siècle, concernant la vie et les mœurs de Saumur à cette époque. M. de Villebois-Mareuil fait part au Congrès, dans un rapport intéressant, de la découverte dans le canton de Segré d'un cimetière gallo-romain qui peut remonter au ve siècle.

Puis, sortant du cadre des questions qui fait l'objet du Congrès local pour entrer dans celui spécial à la Société Archéologique, M. le Commandant Esperandieu communique à ses collègues les résultats de ses fouilles sur le Mont *Alésia* et, en particulier, à la Croix Saint-Charles ; il reçoit les félicitations de M. Héron de Villefosse, délégué du Ministre, pour le zèle, le savoir et le dévouement avec lesquels il mène à bien ces investigations qui touchent de si près à nos origines nationales.

Troisième journée (15 juin)

Le programme de la troisième journée, mercredi 15 juin, se composait de la manière suivante : le matin, visite au dolmen de Bagneux ; puis, départ en voitures pour l'abbaye d'Asnières, le Puy-Notre-Dame et Montreuil-Bellay.

Tout archéologue qui s'occupe de préhistoire n'omet pas en passant à Saumur de voir ce magnifique monument de l'âge de la pierre, dit la *pierre couverte*, situé à Bagneux, non loin du Thouet ; c'est un *dolmen* de 20 mètres de longueur sur 7 mètres de largeur, comprenant 16 pierres de grès, avec supports, tables et vestibule, qui fut fouillé sans résultat en 1775.

Avant d'arriver à Asnières, les Congressistes descendent à Cizay, commune d'où dépend l'abbaye et qui leur offre l'examen de l'une des plus anciennes églises de l'Anjou.

L'abbaye d'Asnières n'est plus qu'une belle ruine, qui, à ce titre, après avoir subi depuis la Révolution diverses vicissitudes menaçant sa conservation, est heureusement tombée entre les mains de la *Société de Préservation des monuments de la Loire*, laquelle l'a sauvée d'une destruction certaine. C'est une croix latine composée d'une nef unique sans bas-côtés ; sur le carré du transept, formé par quatre piliers, s'élève le clocher à moitié démoli ; le bras sud est de la seconde moitié du xiie siècle et le bras nord du xiiie siècle; le chœur rectangulaire (du premier quart du xiiie siècle) paraît doubler le transept ; il est formé de deux travées et de trois nefs où la lumière pénètre par quatre fenêtres de face en tiers-point et deux latérales encadrées d'un boudin. La voûte, du type angevin le plus pur, présente la plus élégante solution qu'il puisse inspirer à l'architecture, désireuse de supprimer les arcs-boutants, en s'appuyant sur l'épais massif du pourtour et en retombant sur deux minces colonnettes qui semblent la supporter comme à Saint-Serge et à la chapelle Saint-Jean de Saumur.

Au sud de l'église est la chapelle dite de l'*abbé* comprenant deux travées sur plan carré, de style angevin, avec clés de voûtes peintes et sculptées. Au-dessus de l'autel, qui forme rétable, une niche tréflée ; au nord, l'enfeu d'un seigneur de Montreuil encadré d'une arcature ogivale trilobée dans un fronton triangulaire ou gable ajouré d'un quatre-feuilles, le tout très finement sculpté.

On remarque les pierres tombales des abbés, retrouvées

lors des fouilles opérées dans le sol de l'emplacement du *chapitre*, et celles de Giraud Berlay et d'Adèle sa femme, seigneurs de Montreuil et bienfaiteurs de l'abbaye.

Le *Congrès* se transporte d'Asnière au Puy-Notre-Dame, qui possède une église remarquable du xiiie siècle, type le plus achevé de l'architecture angevine à cette époque. Elle a 50 mètres de longueur sur 15 mètres de largeur et se compose d'une nef principale et de deux collatéraux de même hauteur; la nef est formée de six travées reliées entre elles par des colonnes élevées, très élégantes, à bases frustes, et de style angevin, qui supportent les arcs-doubleaux et les liernes. Le chœur est rectangulaire comme le transept; on y remarque des stalles du xvie siècle, en bois sculpté, et la sacristie du xvie siècle.

M. le Curé communique, après cette visite, une relique dite de la *Sainte-Ceinture de la Vierge*, rapportée dit-on, de Jérusalem par Guillaume d'Aquitaine, à qui elle avait été donnée par un patriarche; elle est l'objet d'une vénération particulière de la part des fidèles qui lui prêtent des effets merveilleux pour la délivrance des femmes enceintes; c'est un tissu renfermé dans un étui à chatons, en cristal, muni de deux ferrets plats ciselés aux extrémités, que recouvre une triple enveloppe de soie.

La façade rectangulaire se dresse à l'extérieur, entre deux tours carrées, flanquée de deux bas clochers en pierre; le tympan du portail est orné d'une vierge et de deux anges; il est surmonté d'un rang de baies encadrées d'arcades ogivales, le tout malheureusement mutilé.

Les Congressistes quittent le Puy-Notre-Dame pour se rendre par le Vaudelnay à Montreuil-Bellay.

L'entrée par le faubourg des Ponts et le pont place immédiatement les visiteurs en face du charmant paysage qu'offrent, en ses îlots verdoyants et découpés par le cours sinueux du Thouet, qu'ombrage l'enchevêtrement des hauts peupliers frissonnant sous la brise, l'imposant donjon et sa collégiale dominant sur le rocher à pic la chaussée et son vieux moulin.

Les visiteurs se dirigent tout d'abord vers l'église, dépendance autrefois du château et comprise dans son enceinte ; c'est un rectangle d'une seule nef ayant 44 mètres de long sur 12 mètres de largeur, divisé en cinq travées, avec chœur pentagonal, éclairé par de hautes fenêtres trilobées. M. Lefèvre-Pontalis fournit quelques explications sur la voûte aux fines nervures prismatiques, de même que sur les colonnes à dais et niches supportant des statues qui se trouvent de chaque côté, et M. le chanoine Urseau sur la litre seigneuriale badigeonnée de noir. On remarque, à gauche, une chapelle de la vierge en style flamboyant et, lors de la sortie, le portail divisé par un pilier surmonté d'une accolade reliée par un fronton en couronne et ornée de choux fleuris.

Ils se rendent de là au château, qui est aujourd'hui séparé de l'église par une entrée distincte ; on y accède au moyen d'un passage pris sur les fossés comblés en ce point, aboutissant à l'ancienne barbacane, ou tour ronde à étages, qui protégeait la porte du *châtelet*, fermée à double herse par un pont-levis et défendue par deux hautes tours percées de meurtrières. Le porche est voûté dans la partie antérieure en berceau. La façade du châtelet se développe sur la cour et formait autrefois la capitainerie ; elle est flanquée de deux tourelles octogonales percées de fenêtres à meneaux et surmontée de lucarnes.

Par les soins du châtelain, M. de Grandmaison, député de Saumur, sur la terrasse a été installée une « *beuverie* » sous le patronage du joyeux Rabelais, dont la rubiconde figure et les légendes célébrant la « purée de septembre », en des cartouches appendus aux grands arbres, alentour des tables, invitent, non moins que les panses rebondies des « *Marie-Jeanne* », à de copieuses libations pour faire accueil aux membres du Congrès et fêter leur bienvenue.

Dans un charmant toast, sans prétention et plein de la verve gauloise la plus fine, après avoir évoqué le souvenir dudit Me Rabelais et rappelé les clos voisins dont il aimait à vanter les qualités et la renommée, l'honorable député a montré qu'il avait trouvé des disciples fervents parmi les Angevins, notamment dans ce truculent poète Philippe Pistel, l'auteur du « *Tombeau des Yvrongnes* » et même chez les clercs de Montreuil, qui, suivant un dicton populaire « beuvaient mieux qu'ils ne savaient écrire »[1]. Mais il se hâte d'ajouter que ces vertus pantagruéliques n'ont fait qu'allumer au cœur de ses concitoyens l'amour des belles-lettres et de la science, car la ville s'honore d'avoir donné le jour à Alphonse Toussenel, l'auteur de l'*Esprit des bêtes*, à Charles Dovalle, jeune poète romantique tué en duel à 20 ans, dont Victor Hugo a déploré la perte ; à René Moreau, doyen de la Faculté de Paris, maître de Guy Patin, etc., célébrités auxquelles la ville s'est plue à élever un monument. Il termine par de gracieux compliments aux dames qui ont bien voulu accompagner les savants du Congrès pour profiter de leurs leçons.

M. Lefèvre-Pontalis remercie au nom des membres présents et lève son verre en l'honneur de Mme de Grandmaison. A ce moment, « *Marie-Jeanne et fillettes* » déversent leurs flots de mousse écumeuse ; chacun rend hommage à la parfaite courtoisie du maître de céans, autant qu'à l'exquise saveur de son cru 1906, et se répand sur la terrasse, d'abord

---

[1] L'érudit avocat Bourneau, qui a écrit le *Déluge de Saumur*, plaidant pour le doyen du Chapitre de Montreuil contre ses chanoines, prétendait même, dans son plaidoyer, que l'on pouvait dire de ses habitants ce que le musicien Strattonice disait à quelques Ciconiens de ceux de Marone : « que toute la cité n'était que taverne ou, comme Martial, de Rome avant sa restauration par Domitien : *occupat aut totas nigra propina vias* », car, malgré la défense aux taverniers de recevoir les ecclésiastiques à boire et à manger chez eux, je trouve, dit-il, des défendeurs contrevenant à vos sentences. (Archives départementales de Maine-et-Loire, série E, no 1.790.)

pour admirer de près l'aspect vraiment féodal de ce château du xve siècle, flanqué de ses deux tours rondes, campées comme une sentinelle sur le coteau, le *petit château*, les cuisines particulièrement remarquables, la haute tour donnant accès à un escalier monumental qu'éclairent six fenêtres à meneaux richement décorées, les caves qui servirent en 1793 de prison aux femmes nobles captives ; enfin on pénètre à l'intérieur où abondent meubles, tapisseries, objets d'art et de curiosité, souvenirs de famille ou locaux. On admire surtout beaucoup un charmant petit oratoire, orné de fresques du xve siècle, que le temps avait détériorées et qui, grâce à l'habileté de M. Magne fils, viennent d'être restaurées avec beaucoup de goût et d'intelligence. Les portes, libéralement ouvertes, des chambres des étages supérieurs permettent d'admirer, avec le beau panorama qu'on y découvre, la profusion et l'élégance des meubles et souvenirs qui en font l'ornement.

Plusieurs membres s'arrachent à cette visite et se dispersent dans la ville pour voir les portes et les remparts du xve siècle qui subsistent encore sur divers points de l'enceinte qu'ils formaient.

Séance du soir

La séance du soir rassemble de nouveau, à Saumur, un certain nombre de Congressistes dans la salle de l'Hôtel de Ville, où le Maire annonce qu'une fiche indicative des principaux monuments et des curiosités de Saumur sera distribuée à chaque membre et qu'une médaille commémorative du Congrès a été frappée avec l'effigie de la Mairie.

M. Lefèvre-Pontalis, président, donne alors la parole (en signalant l'intérêt de la question) à M. Gaucher, pour une communication sur l'emploi des cercueils de pierre dans les églises du xıe siècle, comme matériaux de construction et provoque les explications de M. le chanoine Urseau, sur l'usage, en général, des anciens matériaux dans les constructions d'églises.

On entend ensuite la lecture d'un intéressant mémoire de M. de Grandmaison, archiviste à Tours, relatif à la construction du château d'Amboise.

M. Triger, du Mans, fait un rapport sur certains monuments du Maine et de l'Anjou, tout en accordant un développement particulier à l'enceinte gallo-romaine de la ville du Mans, dont il réclame le dégagement, et montre l'utilité qu'il y aurait à le faire immédiatement pour en conserver les traces.

Quatrième journée (16 juin)

Le programme de la quatrième journée convoquait les membres du Congrès à une excursion, par train spécial, à Thouars, Oiron, Saint-Jouin-de-Marnes et Airvault.

Le train contourne à Montreuil les murailles de la ville et, après avoir suivi dans la vallée une ligne parallèle au cours du Thouet, arrive à Thouars, dont les deux églises, la chapelle du château et la tour, ou *porte au Prévost*, attirent et retiennent l'attention des Congressistes.

L'église *Saint-Laon* a été commencée à la fin du xıe siècle, ou au début du xııe, pour donner asile aux reliques de saint Laon, patron d'une paroisse voisine de ce nom ; elle comprenait une seule nef, partant de la porte occidentale jusqu'au clocher bâti en dehors de l'église sur la partie inférieure de ce qui devait être l'un des bras du transept. Le sanctuaire et le chœur, terminés par un mur droit, forment le chevet construit au xve siècle pour remplacer l'ancienne abside. Une large fenêtre a été ouverte dans ce mur, dont le grand autel intercepte la lumière. A droite est la chapelle funéraire servant de sacristie, que Marguerite d'Écosse fit construire pour recevoir ses cendres, aujourd'hui disséminées ; à gauche, l'enfeu, avec sa statue du xve siècle, de Nicolas Lecoq, abbé de Saint-Laon, orné d'un beau rétable de la même époque.

La tour carrée du clocher, classée comme monument historique, comprend deux étages superposés, celui d'en bas orné sur chaque face de deux arcatures ogivales contenant trois petites arcades plein cintre ; l'étage supérieur est ajouré de quatre arcades plein cintre, que supportent de jolies colonnettes sur chaque côté. Une flèche bordée de crochets avait été érigée sur cette base au xve siècle avec clochetons aux angles, mais elle fut détruite par un ouragan en 1711.

L'église de *Saint-Médard* ne comprenait à l'origine qu'une nef rectangulaire de 44 mètres de long sur 17 mètres de large ; bâtie au xiie siècle sur l'emplacement d'une plus ancienne, elle affecte aujourd'hui la forme d'une croix latine, à laquelle manquerait l'un de ses bras, par suite de la suppression au xve siècle de deux collatéraux ajoutés à la nef principale et d'une couverture unique embrassant le tout. A l'abside, on a substitué un mur droit dans lequel on a ouvert une large fenêtre de style flamboyant ; mais la partie la plus remarquable de l'édifice est le grand portail ogival accosté de deux autres portes plein cintre plus petites, dont quatre colonnettes à chapiteaux frustes supportent des archivoltes et des voussures surchargées de sculptures : personnages, animaux, feuillages, palmettes, pommes de pin. A l'archivolte supérieure, le Christ est assis sur un trône et à ses côtés une trentaine de statuettes sont rangées sous des dais, dont huit anges au-dessus de la porte principale. Quoique plus simples, les deux autres portails sont de même style ; au-dessus de chacun d'eux s'élèvent deux petites fenêtres de pur roman plein cintre. Au xve siècle appartient la grande rosace qui domine le portail central et la rangée d'arcades trilobées figurant dans le pignon triangulaire. Au nord de cette façade, sur une tour carrée, s'élève le clocher du xvᵉ siècle.

On remarque beaucoup aussi la chapelle attenante de Saint-Louis, bâtie en 1510 par Gabrielle de Bourbon, femme de Louis II de la Trémoïlle, avec sa porte et ses deux fenêtres ogivales que séparent des contreforts à pinacles écussonnés, ainsi que la porte placée entre cette chapelle et le clocher dont l'archivolte à trois rangs de zigzags avec moulure à boudin rappelle l'époque de transition.

Une enceinte de muraille protégeait la ville au xiiiᵉ siècle; la porte qui s'ouvrait à l'est, flanquée de deux hautes tours rondes à toiture conique, reliées par une partie droite, avec herses, se nommait la *Tour au Prévost*. De leur sommet, une échauguette permettait à la sentinelle qui avait la garde de la ville de surveiller tous les environs. C'est un beau spécimen de l'art militaire au xiiiᵉ siècle; elle constituait l'entrée principale de la ville avec la tour du prince de Galles; qui subsiste aussi.

A défaut du château, qui est affecté au service d'une maison de détention, les Congressistes peuvent visiter et admirer la collégiale du château ou *Sainte Chapelle*, parce qu'elle semble avoir été inspirée par celle de Paris. Construite sur la demande de Gabrielle de Bourbon, en 1503, par les maîtres d'œuvres Jean Chahureau et André Amy, elle offre un gracieux exemplaire de l'art de transition, mi-partie gothique, mi-partie Renaissance. C'est un parallélogramme composé de trois nefs divisées en cinq travées reliées par des piliers, sans chapiteaux, sur lesquels s'appuient les voûtes, à croisées d'ogive, dont celle de la nef principale est plus élevée que celles des bas-côtés. La voûte du collatéral, à gauche du maître-autel, est soutenue par d'élégants pendentifs ; près de là, une crédence à médaillons et une piscine Renaissance. Cet oratoire s'appelait la *chapelle ardente.* Le mur latéral sud relie la chapelle au château par une porte pratiquée sous une fenêtre Renaissance, qui comme cette porte est ornée, tant à l'extérieur qu'à l'intérieur, de rinceaux et d'arabesques auxquels s'entrelacent les monogrammes L et G et la roue-emblème de son père. On suppose que c'est François Charpentier, employé par Hélène de Hangest, aux fameuses poteries dites d'Oiron, qui serait l'auteur de ces sculptures.

Mais plus que l'intérieur la porte principale extérieure de la chapelle et sa façade méritaient de fixer l'attention des membres du Congrès ; de forme ogivale, les voussures sont chargées de statuettes d'anges et d'apôtres, au milieu desquels trône le Christ en majesté sous des dais, abritées dans des niches qu'entourent des guirlandes de feuilles de vigne et de raisin. Au-dessus, une grande baie qu'embrassent les archivoltes de la porte, finement sculptées également, et une petite galerie Renaissance très ornementée, que surplombe un pignon triangulaire exhaussé d'un clocheton accosté de pinacles.

La chapelle contient une crypte qui servait et sert encore d'enfeu à la famille de la Trémoïlle.

Oiron. Château. — La ligne de Tours aux Sables emporte les Congressistes à la station de *Pas-de-Jeu,* où des voitures les conduisent à Oiron.

M. Paul Vitry, conservateur du Musée du Louvre, se fait l'aimable cicérone de ses collègues dans la visite du château et de sa collégiale.

Le château présente l'aspect des grandes résidences seigneuriales, comme Chambord, dont il est loin cependant d'égaler la splendeur; il est précédé d'une première cour séparée de la cour d'honneur par des douves sèches, autour de laquelle s'élèvent des bâtiments dont la différence de style frappe immédiatement l'étranger. L'aile gauche, en regardant la façade, est la partie importante qui reste de la construction primitive élevée par Artus Gouffier, au XVIe siècle, galerie en arcades reposant sur des confreforts formant colonnes à torsades, avec chapiteaux et supportant des niches à dais, surmontées d'un fronton triangulaire. Au-dessus des arcades sont des fenêtres en partie aveuglées, surmontées de lucarnes rondes ; dans les allèges des fenêtres qui se trouvent entre les piliers, figuraient des médaillons entourés d'une couronne de feuillages, de fleurs ou de fruits en marbre blanc, avec exergue, représentant des personnages de l'antiquité. Les trois ailes du château étaient primitivement ornées de 34 de ces médaillons, sculptés en partie par Mathurin Bomberault, orléanais, en 1551 ; des termes en terre cuite remplissaient les niches, une statue équestre de Henri II, victorieux, se dressait devant la façade ; enfin on y voyait, alimentée par une fontaine, une vasque de marbre circulaire avec piédestal triangulaire, sculpté de tritons, œuvre des frères Juste.

La galerie du premier étage, ou pavillon des *Trophées*, auquel on arrive par l'escalier d'honneur placé au milieu du corps du bâtiment central, orné de caissons avec monogrammes de Henri II et de Claude Gouffier, mesure 55 mètres de long sur 6 mètres de large et 5 mètres de hauteur. Le plafond est divisé en petits panneaux peints et dorés qui représentent des fleurs, des fruits, des monogrammes, des paysages et ornements de toute sorte, moins heureux que nombreux ; à l'extrémité existe une cheminée monumentale et sur les murs sont peintes des fresques relatives à la *Guerre de Troie*, en partie effacées et fort peu intéressantes ; c'est, il paraît, l'œuvre d'un peintre vitrier, Noël Jallier ; elles furent achevées en 1549. La salle au-dessus servait de salle des gardes.

Près de l'autre pavillon bâti par La Feuillade, se trouve la chapelle, qui n'a de curieux que son dallage en faïence, dite d'Oiron, reproduisant les armes des seigneurs d'Oiron et de leurs femmes avec la devise : *Hic terminus hæret*; qui se répète aux frises du monument et a si fort exercé la sagacité des critiques et des archéologues.

Le corps de bâtiment du centre comprend le salon dit *du Roi* qui occupe toute sa largeur ; les murs étaient peints,comme le plafond,de 14 portraits d'hommes du temps de Louis XIV, dont un seul a survécu. La salle à côté est remarquable par son plafond en caissons aux lourds pendentifs, aux massives guirlandes peintes ou dorées. Elle contient un médaillon en marbre de Louis XIV très finement sculpté, laissé par Mme de Montespan. Les peintures des caissons représentent les trois Parques, les quatre parties du monde, la chute de Phaëton et celle d'Icare.

Le *Cabinet des Muses* est d'un goût plus discret ; il se compose d'une cheminée dont le trumeau représente Diane chasseresse avec ses nymphes et d'un plafond où figure Jupiter assis sur son aigle ; dans les panneaux des lambris sont peintes les *Muses* avec leurs instruments de musique.

C'est le duc de la Feuillade, devenu, en 1669, acquéreur du château, qui fit construire le corps du milieu et l'aile droite dans le style de la fin du siècle de Louis XIV. Il servit de retraite à Mme de Montespan.

Une tentative de restauration commencée par le marquis Auguste Fournier de Boisairault a été interrompue par sa mort arrivée en 1877 et celle de son fils en 1883.

La Collégiale. — La Collégiale du château, qui servait aussi d'église paroissiale, fut commencée par Hélène de Hangest femme d'Artus Gouffier, en 1518, et terminée en 1572. On signale aux visiteurs les deux portes extérieures Renaissance : l'une avec colonnade, fronton, rosace et frise où s'inscrit la devise des Gouffier ; l'autre formant l'entrée seigneuriale, enrichie de toutes les élégances de l'art à cette époque. A l'intérieur, même profusion de richesses artistiques, parmi lesquelles on remarque les deux portes à double arcade près du sanctuaire et les tombeaux de la veuve de Gouffier Guillaume, celui d'Artus Gouffier et de l'amiral de Bonnivet, ses fils, et de Claude Gouffier, son petit-fils, placés dans les transepts, chefs-d'œuvre de sculpture de Jean Betti Juste, sculpteur à Tours, et de son frère Antoine, malheureusement mutilés pendant les guerres de religion.

Saint-Jouin-des-Marnes. — D'Oiron, le Congrès se dirige vers l'abbaye de Saint-Jouin-de-Marnes, l'un des plus intéressants monuments de l'époque romane en Poitou, et le mieux conservé. L'église fut construite au commencement du XIIe siècle, car il résulte d'une note mise en tête du manuscrit du Cartulaire de son abbaye, publié par M. de Grandmaison [1], que son maître-autel fut consacré en 1130. Elle a 71 mètres de long sur 14 mètres de large et 15 mètres de haut. Sa façade triangulaire est considérée comme l'un des plus beaux spécimens de l'architecture poitevine au XIIe siècle. Elle est fermée d'un portail central à quintuples voussures, surmonté d'une grande baie, et de deux portes latérales exhaussées de deux fenêtres correspondant aux trois nefs, le tout contourné de deux gros piliers aux angles, formés de la réunion d'un faisceau de colonnes supportant des lanternons octogonaux, et de deux colonnes de chaque côté du portail, sur lesquelles s'appuie l'entablement du pignon, au cintre duquel est une niche où siège le Christ entouré de statues d'anges. De la base au sommet elle est ornée de sculptures qui en font un véritable bas-relief.

A l'intérieur, la nef principale se répartit en dix travées dont les trois premières seules présentent leurs voûtes primitives en berceau; les deux arcatures, surmontées d'une fenêtre géminée et d'un oculus, qui forment l'entrée du chœur, sont des restes de l'église primitive; les sept autres travées ont reçu au XVe siècle de nouvelles voûtes, en ogives entrecoisées (style du XIIIe siècle), de même que le déambulatoire et les chapelles de l'abside. Les deux col-

---

[1] Bibl. Nat., collection Gaignières, F[ds]. anc. n° 5.449.

latéraux ont toujours leurs voûtes en berceau et l'inter-transept sa coupole octogonale sur laquelle repose un clocher à deux étages, ajouré de huit fenêtres sur chacune des faces du carré.

On rencontre, comme à Fontevrault, trois absidioles semi-circulaires, à fenêtres en ogives naissantes, séparées par une fenêtre plein cintre surmontée de trois arcatures et accostée de faisceaux de colonnes. A la base court circulairement un cordon de petites arcatures.

L'église avait été pourvue, aux XIVe et XVe siècles, d'un système de défense militaire qu'une intelligente restauration, par le Ministère des Beaux-Arts, a fait disparaître.

Le chœur, en hémicycle, est séparé du déambulatoire par des arcs romans reposant sur un groupe de quatre colonnes à chapiteaux sculptés, surmontés d'une rangée d'arcatures de même style appuyées sur des colonnes.

On remarque l'analogie que présentent avec la façade de cette église celles de Notre-Dame-la-Grande et de Saint-Nicolas-de-Civray et l'on admire dans le *Trésor* quatre reliquaires, ainsi que parmi le mobilier un lutrin du XVIIe siècle, représentant un griffon aux ailes éployées assis sur des têtes d'anges, que supportent trois enfants debout; il a figuré à maintes expositions et notamment à celle de 1900.

Airvault. — L'excursion devait se terminer par la visite d'Airvault, petite ville située sur les bords du Thouet, (*aurea vallis*). L'église, dont la façade offre une ressemblance frappante avec celle de Saint-Jouin, appartient à l'école romane poitevine du XIIe siècle et en est un des types les plus intéressants; c'était autrefois l'église de l'abbaye fondée au Xe siècle et achevée en 1100, date de sa consécration. Elle se compose d'une nef centrale avec collatéraux et d'une façade à pignon rectangulaire, accosté de deux lanternons pleins, qui comprend un portail central à double voussure sur l'archivolte inférieure duquel sont figurés les vieillards de l'Apocalypse.

L'intérieur s'offre sous l'aspect d'une nef principale et de deux bas-côtés dont le transept est orné d'absides à chaque croisillon; le chœur, semi-circulaire, est entouré d'un déambulatoire, supportant naguère un voûteau, où sont placées trois chapelles absidales. Le tout est divisé en sept travées auxquelles correspondent des fenêtres exigues plein cintre, du commencement du XIIIe siècle, retombant sur des colonnettes dont l'archivolte sculptée se rattache à la fenêtre suivante par un cordon que rompt seul le contrefort et qui s'étend à tout le pourtour de l'abside, à l'exception des murs des bras du transept. Les piliers, très rapprochés, sont formés d'un faisceau de quatre demi-colonnes recevant les grandes arcades : l'une du côté de la nef, la retombée des grandes voûtes, et l'autre les doubleaux du bas côté.

La nef est reliée au porche par une voûte à double travée ; le narthex supporte une tribune. A la croisée du transept se dresse un clocher de pierre à flèche octogonale, ajouré de quatre baies gothiques sur chaque face et cantonné de quatre clochetons d'angles.

L'extérieur présente tous les caractères de l'école poitevine et des contreforts peu apparents, dans l'alignement des piliers intérieurs, au-dessus desquels court une frise de médaillons ornés

On remarque dans le bras gauche du bas côté un tombeau de pierre dont le couvercle à double versant, d'un angle très aigu, sculpté de figures placées dans des arcatures reposant sur des modillons, est abrité par un enfeu plein cintre exhaussé d'une corniche d'arcatures supportées également par des modillons. C'est le tombeau de Pierre de Sainte-Fontaine, mort en 1110 premier abbé d'Airvault, ainsi qu'il résulte d'une lamelle de plomb trouvée dans une cavité du sarcophage portant une inscription latine.

Du jardin de la cure, au sud, on reconnaît encore des vestiges du cloître de l'abbaye (deuxième moitié, du XIIe siècle) dont le mur s'amorçait à celui de l'église.

Ce n'est pas sans protestations que le *Congrès* accueille la vue de la transformation de la salle capitulaire en cave; quelques membres visitent, avant de partir, les ruines du château brûlé par Coligny en 1569 et le vieux pont sur le Thouet du XIIe siècle, ainsi que la chapelle des *Trois Marie*, du XVe siècle.

Cinquième journée (17 juin)

Pour terminer la session du Congrès à Saumur, on avait inscrit au programme l'excursion, non moins attractive que les précédentes, à SAINT-FLORENT, LES TUFFEAUX, CUNAULT ET GENNES.

Saint-Florent est l'ancienne chapelle de l'abbaye, devenue l'église de la paroisse, édifice du XVe siècle, de moyen appareil régulier, mais qui a été restauré en 1865 et avait été fortifié par l'un de ses abbés en 1417; les murs sont soutenus par d'épais contreforts reliés par des arcatures, surmontés de mâchicoulis à fond plat et de créneaux qui subsistent encore pour partie.

La voûte est d'ogive; celle du chœur, séparée de la nef par un arc-doubleau, est divisée en quatre branches supportées par des colonnes d'angles et rattachées sans clef sculptée à leur sommet.

Cette antique abbatiale de Saint-Florent a été réparée dans la portion qui a pu en être conservée; on admire encore le narthex et les ruines imposantes le recouvrant presque entièrement.

La petite église des *Tuffeaux* provoque l'attention de quelques membres par la décoration du portail de sa façade nord; c'est un monument du XIIe siècle dont la travée droite est exhaussée d'un lourd clocher carré comme à Saint-Lambert.

Trèves. — L'église appartient à deux époques : le portail décoré de dents de scie et les fenêtres étroites sont en plein cintre (époque romane) ; le chœur et le transept, au-dessus duquel s'élevait une tour carrée à baies romanes, qui a servi de base au clocher actuel, sont les restes de l'église primitive.

Les regards des visiteurs se portent dans le bas-côté nord sur un tabernacle à deux étages et à six pans très finement ajouré de fenêtres tréflées, surmontées d'une flèche (xve siècle), et dans le croisillon sud, sur l'enfeu de Robert Lemaçon, seigneur de Trèves, chancelier, mort en 1442, dont la statue couchée faisait partie de son tombeau mutilé ; puis sur un bénitier en porphyre rond, orné de têtes sculptées, appartenant à l'époque romane.

La haute tour est tout ce qui reste du donjon bâti par le chancelier en 1435 ; couronnée de mâchicoulis et de créneaux, elle se dresse encore superbe et menaçante pour commander à ce passage de la Loire, d'où l'on voit de son sommet très loin se dérouler le cours. Par un large escalier, on accède à de vastes salles aux voûtes ogivales, pourvues de grandes cheminées et de guets par où l'on observait les *trespas* des navires du fleuve.

Cunault. — L'église de Cunault réservait aux Congressistes l'étude du plus beau monument qu'il leur fût donné de visiter dans l'arrondissement de Saumur après Fontevrault. Elle ne comprenait primitivement que huit travées et le chœur, mais il en a été ajouté ensuite trois autres, et forme un magnifique vaisseau, sans transept, de 73 mètres de profondeur, de 23 mètres de largeur à la porte d'entrée et de 16 mètres seulement vers le chœur ; quant à la hauteur, elle est moindre aussi à l'abside qu'à l'entrée. On a voulu voir dans cette disposition un effet intentionnel des architectes pour augmenter la perspective, mais c'était là un mode fréquent de construction à cette époque.

Quelques auteurs ont prétendu, sur la foi d'un faux

diplôme et peut-être l'induisant de ce que le prieuré de Cunault avait droit de présentation à des prébendes dans l'église de Saint-Denis de Doué, fondée par Dagobert, que celui-ci était également le fondateur de Cunault ; mais ce prieuré n'apparaît dans les chartes que par la donation qu'en fit Charles-le-Chauve (844) au comte Vivien, avec d'autres terres d'Anjou et sa rétrocession par ce comte aux moines de Saint-Philibert-de-Grandlieu pour leur servir de refuge contre les Normands [1], cession ratifiée par le Roi qui y ajouta d'autres biens en dépendant, notamment Doué. Il s'enrichit dans la suite des dons et immunités que lui accordèrent les comtes d'Anjou, Foulques V, roi de Jérusalem, et Geoffroy, son fils ; c'est avec le produit de ces munificences que les moines érigèrent leur église au XIIe siècle.

La construction semble même avoir été commencée antérieurement par la cinquième travée où s'élève le clocher, partie latérale nord, à laquelle donne accès une porte basse, plein cintre en dents de scie surmontée de deux fenêtres romanes en appareil réticulé qui sont encadrées dans une arcature supportée par deux fûts de hautes colonnes dont les chapiteaux sont ornés d'une sirène offrant un poisson à un nautonier dans une nef et d'un personnage assis sur un siège dans lequel on a voulu voir le roi Dagobert.

Un rang de piliers formés de faisceaux de colonnes droites, unies et engagées, aux chapiteaux richement sculptés produit un effet grandiose. Deux de ceux-ci, dans les huitième et neuvième travées, destinés, croit-on, à recevoir une poutre de gloire, représentent des sujets allégoriques : une procession de moines et l'enterrement de saint Philibert.

Le chœur, composé d'une partie droite de trois travées, est entouré d'un déambulatoire qu'éclairent des fenêtres en cintre brisé et ne diffère pas de la nef quant à la décoration.

---

[1] Le P. Chifflet, *Hist. de l'abbaye de Tournus* (preuves, p. 101).

Les collatéraux reproduisent les mêmes caractères distinctifs qui séparent la construction des trois premières
travées de celles consécutives : voûtes en arêtes au lieu de
voûtes d'ogives ; fenêtres en tiers points entourées d'un
boudin simple ou double, aboutissant à des absidales en
hémicycles.

A l'extérieur, la chapelle absidale a disparu, mais les
deux de chaque côté subsistent encore, éclairées par des
fenêtres encadrées dans de fausses arcatures ornées, reposant sur des chapiteaux sculptés ; un cordillon de modillons
se développe circulairement, séparés de la toiture par un
bandeau romano-byzantin. Le portail plein cintre est formé
de cinq archivoltes concentriques s'appuyant sur des
colonnes à chapiteaux frustes ; il présente dans son tympan,
accosté de fausses arcatures, une vierge assise sur un trône
tenant l'Enfant-Dieu avec deux anges qui l'encensent, le
tout surmonté d'une haute fenêtre centrale de style flamboyant et de deux plus petites, plein cintre ; au-dessus
règne un couronnement crénelé moderne.

On remarque beaucoup à l'intérieur : des peintures à
fresque du xve siècle avec légendes en vers ; un bénitier
hexagonal supporté par un chapiteau renversé et surtout
une châsse en bois renfermant les reliques de saint Maxentiol
et sculptée sur ses faces latérales de niches abritant les statuettes des six apôtres et de six prophètes.

Les Congressistes se séparent difficilement de l'aspect de
ce beau monument, mais il reste encore à visiter Gennes
qui leur réserve des curiosités d'ordre un peu différent,
mais non moins intéressantes.

D'origine fort ancienne, ce bourg était connu de Grégoire de Tours [1] qui le mentionne et les vestiges gallo-
romains y abondent ; mais la partie officielle du programme
ne comprenait que l'examen de Saint-Véterin, la plus

[1] A. Jacobs, *Géographie de Grégoire de Tours*, p. 109.

curieuse des deux églises de la localité, reconstruite au xiie siècle, sur l'emplacement d'une autre plus ancienne, dont les substructions extérieures qui en restent n'ont pas paru remonter au delà du xe siècle ; aussi d'autres membres du Congrès, que l'architecture religieuse n'intéresse pas seule, se dirigent, après être sortis du bourg, vers un *aqueduc* romain voisin, formé d'une piscine circulaire dépendant de *Thermes* et servant à l'adduction des eaux d'une source située à 400 mètres du bourg qui allaient ensuite se déverser dans l'Avort. Elle est pourvue à son pourtour de huit petites rotondes à surfaces courbes, construites en briques et tuffeaux, symétriquement disposées, auxquelles aboutissaient des tuyaux de plomb, aujourd'hui détruits.

De là, on descend une colline aux pentes boisées pour arriver à l'*amphithéâtre* romain, dont la forme convexe de l'arène, encore très apparente, les murs, en petit appareil avec chaînements de briques et parements de pierres lozangés, décrivant l'enceinte, les portes d'entrée et de sortie faciles à reconnaître, révèlent l'origine incontestable.

Enfin, plusieurs escaladent le coteau pour aller visiter l'église Saint-Eusèbe, aujourd'hui désaffectée, élégant édifice du xiie siècle d'où l'on voit se dérouler en un magnifique panorama tout le cours de la Loire, qu'on traverse aux Rosiers pour se rendre à la gare prendre le train qui emporte les Congressistes à Angers.

Séance du soir à Angers

Un accueil non moins chaleureux qu'à Saumur attendait les membres du Congrès à Angers ; le programme comportait leur réception par la Municipalité, à l'Hôtel de Ville pour 9 heures, et une conférence avec projections de M. Lucien Magne dans la salle des fêtes sur les voûtes domicales et les coupoles.

M. Lefèvre-Pontalis, après avoir remercié MM. les Adjoints de leur aimable bienvenue et regretté l'absence de M. le Dr Monprofit, maire, éloigné d'Angers par les travaux de la Chambre, constate le succès du Congrès qui ne comprend pas moins de 360 membres et a été suivi dans ses diverses excursions par la plus grande partie d'entre eux.

Il annonce que la conférence de M. Magne a pour objet de glorifier l'art au moyen âge à Angers, foyer de goût et de lumière, qui a rayonné sur les provinces voisines et en a conservé les traditions jusqu'à nos jours.

M. Magne commence alors sa conférence par un éloge délicat de notre pays dont il rappelle le charme plein d'attraits avec son doux climat, son sol fécond, ses riantes collines, ses richesses artistiques et l'affabilité de ses habitants. Il n'avait point besoin cependant de cet exorde insinuant pour se concilier la bienveillance d'une salle comble. Dans une langue élégante et facile, il a su, malgré le caractère technique du sujet, captiver l'attention d'un auditoire où les dames étaient pourtant nombreuses, par la lucidité de ses explications que complétaient des projections photographiques très soignées de vues rapportées de ses voyages à travers l'Europe. Il s'attacha à montrer surtout comment depuis leurs origines en Grèce, en Égypte et dans l'Inde, les coupoles primitives se sont transformées et à la suite de quelles modifications elles sont parvenues à la belle efflorescence de l'art byzantin qui, par sa hardiesse et sa beauté, nous étonne encore à Sainte-Sophie; puis il a établi par quelle voie naturelle, en passant dans l'Italie avec Saint-Pierre de Rome, le Périgord avec Saint-Front et le Poitou, elles étaient arrivées jusqu'à nous, et aboutit à l'objet même de sa conférence qui était l'architecture religieuse en Anjou au moyen âge, particulièrement de ses voûtes domicales au XIIIe siècle, dont l'influence se fit sentir, dit-il, jusqu'en Angleterre et en Espagne où on en retrouve les traces.

Abordant alors l'étude de l'art angevin il nous en fait suivre le développement par les projections des églises de Saint-Martin, à Angers, de Fontevrault, de la Tour d'Evrault, de la Cathédrale d'Angers, de l'église Saint-Serge, du Musée Saint-Jean et de la Cathédrale de Poitiers, qui sont, ajoute-t-il, des chefs d'œuvre de science, d'audace et d'élégance.

Il souhaite que le Congrès, en ramenant l'attention vers ces monuments, donne aux architectes modernes le goût de l'art ancien du moyen âge que les siècles précédents avaient délaissé. Il s'applaudit d'avoir pu, avec le concours éclairé du Conseil général et des municipalités, travailler à la conservation de monuments tels que la Tour Saint-Aubin, Fontevrault, le château de Saumur et, bientôt, il l'espère, les voûtes du Musée Saint-Jean ; des applaudissements unanimes saluent cette conclusion.

Les membres du Congrès sont alors invités à prendre part à un vin d'honneur offert par la ville d'Angers, qui leur est servi dans la salle du Conseil municipal décorée de fleurs. M. Mitonneau, adjoint, remplaçant le Maire, empêché, souhaite la bienvenue aux membres du Congrès français et étrangers qui honorent la ville de leur présence, heureuse de leur offrir l'hospitalité. Il s'excuse d'ignorer l'archéologie, mais avec un esprit primesautier de bon aloi il sait parler des choses de l'Anjou et, levant son verre avec courtoisie, convie chacun à rendre hommage à ses produits.

M. Lefèvre-Pontalis, président de la Société, remercie la Municipalité de sa réception, renouvelle ses regrets de l'absence du Maire, boit à sa santé et à celle du Préfet et du Général, présents, ainsi qu'à la gloire des architectes angevins auxquels il souhaite de doter à leur tour leur pays de chefs-d'œuvre. M. le Préfet, prend l'engagement, sur la demande de M. Mitonneau, de solliciter du Gouvernement de nouveaux crédits pour la restauration des monuments historiques.

Dixième journée (18 juin)

Le lendemain, le train amenait au Mans, but d'excursion assigné à la journée du samedi, les membres du Congrès auxquels vinrent se joindre de nombreux archéologues de cette ville.

La visite des monuments commença par l'église de la *Couture*, bâtie sur l'ancienne église de l'abbaye, connue sous ce vocable, dont on attribue la fondation à saint Bertrand, mais qui après les invasions normandes aurait été reconstruite vers la fin du xe siècle, époque à laquelle paraissent remonter la crypte de 14 mètres de long, une partie du chœur, le massif du transept et le clocher central. Du temps d'Hildebert, autre évêque du Mans, c'est-à-dire vers le milieu du xiie siècle, les moines firent réédifier la partie supérieure du chœur ; enfin, en 1422, par les soins de l'un de ses abbés et avec la protection de Juhel, archevêque de Tours, elle subit d'importantes modifications.

La façade présente une étendue de 33 mètres, au centre de laquelle s'ouvre un portique remarquable par les statues qui le décorent ; à gauche, et adossées aux colonnes, celles des trois apôtres, saint Pierre, saint Jacques et saint Jean, foulant à leurs pieds Simon le magicien, Hérode et l'empereur Domitien, suivant l'interprétation qu'on en a donnée ; de l'autre côté du portail, à droite, les apôtres saint Paul, saint Mathieu et saint Jacques le Mineur, symbolisant la force, la prudence et la tempérance, qui triomphent de trois personnages à leurs pieds représentant la lâcheté, la folie et la concupiscence. Ces statues, de grandeur naturelle, sont bien posées et bien drapées. Au-dessus, se trouvait un Christ bénissant qui a été détruit ; les chapiteaux et les dais sont ornés de feuillages et de sculptures.

Le tympan est divisé en deux parties, dont celle supérieure comprend cinq personnages, savoir : Jésus-Christ au centre, assis sur un trône, la Vierge et saint Jean, agenouillés de chaque côté et derrière eux deux anges prosternés. Celle inférieure se compose, au milieu, de saint Michel ; à son côté était sans doute un ange aujourd'hui mutilé ; de l'autre côté, à droite, est massée la foule des élus d'où se détachent cinq têtes d'abbés.

La nef a 16 mètres de largeur et 24 mètres de hauteur et l'église entière 95 mètres de longueur ; le transept 45 mètres d'un bras à l'autre.

M. Lefèvre-Pontalis fournit des explications sur les voûtes angevines dont la nef fut recouverte à la fin du XIIe siècle, puis on entend celles de M. J. Guiffrey sur les tapisseries que M. le chanoine Mignon avait fait tendre à cette occasion et de M. Robert Triger, du Mans. Une statue en marbre de Germain Piloo sollicite l'attention des visiteurs.

On voit ensuite le musée de peinture installé à la Préfecture, où l'on admire beaucoup le superbe émail de Geoffroy-le-Bel, pièce unique, où il est représenté casque en tête avec son bouclier ; puis le *Musée archéologique*, installé dans la crypte de l'ancienne église de *Saint-Pierre-la-Cour*. M. Lefèvre-Pontalis félicite le conservateur et la municipalité de sa bonne organisation.

L'après-midi était absorbé par la visite de la Cathédrale, où les Congressistes furent reçus au nom de l'Évêque, par l'un de ses vicaires généraux et l'archiprêtre, qui avaient pour la circonstance sorti de son *trésor* les plus belles tapisseries qu'il renferme.

La *Cathédrale* dédiée à saint Julien, fut commencée au XIe siècle par l'évêque Vulgrin et ne fut terminée qu'au xve siècle ; mais, malgré le défaut d'unité résultant de cette longue durée jusqu'à son achèvement, elle n'en est pas moins l'une des plus belles de France. Placée sur une éminence qui domine la ville, elle présente la forme d'une croix latine avec transept, nef de 58 mètres de long sur 24 de large environ, chœur et chapelles au nombre de 11, qu'entourent un double déambulatoire et est flanquée d'une grosse tour carrée, terminée par une galerie surmontée d'un dôme que couronne une pyramide.

Le *chœur* a été reconstruit au xiiie siècle en style ogival, dont il reste un type des plus purs et alors en plein épanouissement ; l'entrée du double pourtour est plus étroite que le surplus par suite de la conservation des deux piliers, qui avaient été élevés au xiie siècle, pour supporter l'ancien transept ; elle a, y compris la colonne circulaire du milieu, 10 mètres de largeur, mais les deux déambulatoires diffèrent entre eux de largeur et de hauteur ; ainsi, tandis que le plus rapproché du chœur, n'a que 3^m50 de large et 22 mètres de haut, celui qui confine aux chapelles a 5 mètres de large et 11 mètres de haut.

Le *transept* établit le point de raccord entre la nef et le nouveau chœur ; comme ce dernier présentait une différence de hauteur disparate avec celle moins élevée du transept, on releva la voûte de celui-ci et on évasa la voûte de la nef centrale, afin d'en rendre la perspective plus agréable ; mais, comme la largeur des deux bras du transept n'était que de 10 mètres, il en résulte aujourd'hui un défaut de proportion entre la largeur, la hauteur et la longueur de cet édifice, qui est de 59 mètres.

Les deux bras ont été construits à des époques différentes : celui du midi fut commencé à la fin du xive siècle et s'ouvre sur la place Saint-Michel par une grande porte, faisant suite à la voûte de la grosse tour ; celui du nord a été érigé au commencement du xve siècle par Me Nicole de l'Esclay, maître ès œuvres, et se termine par une magnifique rosace, ornée d'un superbe vitrail, dit de la *rose*, de 20 mètres de hauteur.

Plus riches encore sont cependant les vitraux du chœur, qui, par la splendeur de leur coloris, l'harmonie des tons, leur nombre (26 lancettes superposées en deux étages) et leur très belle conservation, constituent une incomparable série de verrières du plus bel effet artistique. Celles de la chapelle Notre-Dame-du-Chevet, pour la plupart du XIIIe siècle, sont considérées comme étant sans rivales.

La façade principale extérieure de la Cathédrale ne répond pas à sa beauté intérieure. Le portail, composé de trois archivoltes reposant sur des pilastres ornés de moulures, est surmonté d'un tympan rectangulaire formé de cubes de pierre noirs et blancs, au milieu duquel on distingue encore la trace de peintures murales. Une grande fenêtre plein cintre s'élève au-dessus, entre deux arcatures décorées d'ornements en zigzags et en dents de scie ; elle est séparée par une bordure de billettes du pignon formé de cubes disposés en damier ; le tout est couronné d'une corniche composée de petites arcatures avec modillons. Les deux portes latérales sont ornementées de la même manière et surmontées de deux fenêtres identiques à celles des bas-côtés.

Les membres du Congrès ne quittent pas la Cathédrale sans donner une part de leur temps aux magnifiques mausolées qui en sont l'ornement intérieur : c'est d'abord l'admirable cénotaphe de Guillaume du Bellay, frère d'Eustache, évêque du Mans, que celui-ci fit élever avec le concours de ses frères, le cardinal Jean du Bellay et Martin, dans la chapelle des fonts, chef-d'œuvre de sculpture, en marbre blanc, avec statue, cariatides, bas-relief et trophées. Son corps a été retrouvé, en 1862, au milieu de la nef, devant le chœur. Ensuite, le tombeau de Charles d'Anjou, comte du Maine, en pierre et marbre, placé au xviiie siècle, dans la chapelle de Saint-Jean-Baptiste où il est représenté couché, tout armé, le casque à ses pieds, ceux-ci reposant sur un animal qui a disparu. A la partie antérieure, deux anges portent chacun un niveau, symbole d'égalité, et sur celle postérieure sont placées les armes du comte au milieu de rinceaux très délicatement sculptés ; il est attribué à Francesco Laurana. Le tombeau de la reine Bérangère, femme de Richard-Cœur-de-Lion, fondatrice de l'abbaye de Lépau, dans laquelle il avait été primitivement élevé au xiiie siècle, a été transporté, en 1821, à Saint-Julien du Mans, où on le voit maintenant dans le transept méridional ; elle est figurée couchée, la tête couronnée et les pieds appuyés sur un lion et un lévrier ; enfin celui de Mgr Bouvier, évêque du Mans, décédé à Rome en 1854, érigé dans la chapelle de Notre-Dame-sous-Terre.

On remarque encore les orgues et les stalles du chœur.

Une visite à la maison de la reine Bérengère, à celle d'Adam et Ève et des antiques logis qui ont si bien maintenu à la ville dans ce quartier du vieux Mans sa physionomie ancienne, complète l'examen de la partie centrale.

M. Robert Triger, qui a déjà attiré l'attention du Congrès sur l'enceinte gallo-romaine du Mans et l'intérêt qu'il y aurait à la dégager, pour la rendre plus accessible et assurer sa conservation, signale alors à ses collègues l'importance de ce vaste parallélogramme de 420 mètres à 440 mètres de côtés sur 150 mètres à 160 mètres, soit environ 5 à 6 hectares de superficie formant la cité, protégée par un rempart de murailles hérissées de tours encore très visibles qui avaient chacune leur nom.

L'excursion s'achève par la présence des Congressistes à l'église Notre-Dame-du-Pré, qui servait autrefois de chapelle à l'abbaye de ce nom et remonte au xie siècle ; c'est du roman aux proportions heureuses et dont l'intelligente restauration a garanti la consolidation sans compromettre l'effet général.

Dimanche, neuvième journée (19 juin)

Cette journée était réservée aux Congressistes pour effectuer aux environs telle excursion libre qu'il leur plairait d'accomplir, soit isolément, soit par groupes. Avaient été indiqués comme pouvant être pris pour but de ces promenades et intéresser particulièrement les archéologues : le château de Serrant, l'île de Béhuard et sa chapelle, Saint-Florent-le-Vieil et le Plessis-Macé, dans notre département; Solesmes dans la Sarthe, Saint-Philbert, dans la Loire-Inférieure.

Le soir, à 9 h. 1/2, un banquet réunissait dans les salons du grand hôtel la plupart des membres du Congrès ; il était présidé par M. Lefèvre-Pontalis, ayant à ses côtés M. Peton, maire de Saumur, et M. Labesse, adjoint au Maire d'Angers. A la table d'honneur, somptueusement ornée de ravissantes fleurs, avaient pris place Mme Lefèvre-Pontalis, Mme et M. Maurice Prou, membre de l'Institut, M. de Farcy, M. le chanoine Urseau.

De nombreux convives étrangers et français se pressaient autour de cette table bien servie ; quand, à la fin du dîner, le Président se lève pour excuser les absents empêchés qui n'avaient pu y assister, après avoir remercié, de nouveau le Maire le Saumur et les adjoints d'Angers de leur gracieux accueil, il boit à ces intrépides délégués des nations étrangères et amies qui n'ont pas craint l'éloignement et les fatigues pour se joindre aux membres indigènes de la Société ; à M. René Bazin, qui a ouvert le Congrès ; aux membres de l'Institut qui l'ont honoré de leur présence, à tous les savants qui s'y sont associés, enfin aux organisateurs et à la ville d'Angers qui entretient un foyer de vie artistique au cœur de la France.

M. Labesse, adjoint, remercie la Société dans la personne de son Président d'avoir choisi l'Anjou comme siège du Congrès et exprime l'espoir que le souvenir qu'emporteront ses membres de leurs excursions leur inspirera le désir d'y revenir ; il les prie de manifester à l'éminent architecte des monuments historiques, M. L. Magne, toute sa reconnaissance pour la part qui lui revient dans la restauration de nos édifices anciens et l'assurer qu'il trouvera toujours un concours empressé dans le département et la ville pour collaborer avec lui à la réfection de ceux qui, comme le *Grenier Saint-Jean* et l'*Hôtel des Pénitentes*, méritent d'être gardés à l'histoire.

Il lève son verre en l'honneur de M. Lefèvre-Pontalis, son dévoué et savant Président, aux dames, parure et grâce de ces graves sessions, et à tous les membres du Congrès.

A ces toasts succèdent ceux des représentants des pays étrangers, notamment ceux du vicomte de Challinck, délégué belge, de Sir Georges Fordham (improvisation très humoristique), de MM. Puygy, Catafalch et Léon Labande, délégué du prince de Monaco.

Puis M. le chanoine Urseau, secrétaire général, porte la santé des architectes amis du clergé et remercie, au nom des organisateurs, tous les membres de leur assiduité à suivre les travaux du Congrès et de l'intérêt qu'ils y ont pris.

M. le général Avon clot cette série, déjà longue, par un hommage à la Société d'Archéologie, qui, après 77 ans d'existence, paraît aussi vivace que jamais. Il en montre le but, l'utilité et l'attrait, en nous faisant mieux connaître le passé de la France et partant aimer son histoire ; en protégeant ses monuments contre les vandales, pour les sauver de la destruction, les relevant de leurs ruines parfois, les entretenant souvent et éclairant toujours le Gouvernement

et les municipalités sur l'intérêt que présente leur conservation.

Il lève son verre en l'honneur de son fondateur, M. de
Caumont et de son digne successeur, M. Lefèvre-Pontalis.

Lundi, huitième journée (20 juin)

La journée du lundi devait être consacrée à la visite
des monuments d'Angers ; ils sont trop connus des
lecteurs de cette *Revue* et ont été trop souvent décrits et
étudiés, notamment lors de la session du Congrès de la
Société Archéologique tenue dans cette ville en 1891
(t. XXXVIII), pour que nous revenions sur des explications maintes fois fournies ; nous ne ferons donc que
suivre les Congressistes dans leur excursion, commencée
par le cloître de l'abbaye Saint-Aubin, à la Préfecture, et
la tour voisine, dont on regrette que le dégagement
promis ne soit pas un fait accompli, puis l'église si intéressante de Saint-Martin, sous la conduite de M. le chanoine Pinier, qui conserve jalousement et avec tant de
soin ce trésor d'architecture, enfin le logis Barrault, ainsi
que ses musées. La promenade s'est continuée par
l'examen détaillé de la Cathédrale, dont M. Louis de
Farcy, qui achève une monographie complète de ce beau
monument, que déshonorent encore trop de constructions parasites, s'en est fait l'initiateur auprès de ses
collègues. M. J. Guiffrey, avec sa bonne grâce coutu-
mière, a donné sur les remarquables tapisseries qu'elle renferme, et notamment sur l'œuvre de Nicolas Bataille, tapis-
sier parisien du xive siècle, l'*Apocalypse*, exécutée d'après
les dessins de Hans Bandol de Bruges, peintre du roi
Charles V. De là on passe à l'Évêché qui va être affecté
au musée diocésain.

Ensuite les Congressistes traversent les ponts et font une station à l'église de la Trinité et devant les ruines de l'abbaye du Ronceray ; ils terminent leur journée par une visite à l'ancien hôpital Saint-Jean et au Musée archéologique qu'il contient.

Séance du soir

La séance du soir, qui était aussi celle de clôture, avait lieu dans la salle des fêtes de l'Hôtel de Ville ; elle était présidée par M. Lefèvre-Pontalis, assisté de M. Labesse, adjoint au Maire, de M. Maurice Prou, membre de l'Institut, du représentant de la Belgique et de diverses notabilités de la Société Archéologique.

Dans une brillante conférence, le Président a résumé l'histoire de l'architecture angevine au moyen âge, indiquant ses caractères distinctifs , surtout en ce qui concerne les voûtes particulières à nos églises et l'intérêt qu'elles présentent au point de vue de l'art.

Après lui M. Alfred Besnard étudie dans une série de projections l'architecture du château-fort de Fougères en Bretagne.

Puis, avant de se séparer, le Congrès émet divers vœux, notamment :

1º En faveur du classement de l'ancienne église de Sallertaine, canton de Challans (Vendée), dont la nef mérite, non moins que le chœur et le transept à voûtes en coupole et croisé d'ogives du xiie siècle, d'être conservée et qu'une faible somme suffirait à sauver d'une ruine prochaine ;

2º Pour l'enlèvement des moulages du Musée Saint-Jean d'Angers ;

3º Pour la conservation de la chapelle Saint-Jean ;

4º Pour la progagation du bulletin de la Société par le bureau.

Ensuite le Président donne lecture des récompenses, dans la distribution desquelles, grâce à la libéralité de M. Charles Lair, inspecteur de la Société, du château de Blou, qui a offert neuf médailles, nos compatriotes ont été compris pour une large part que nous avons fait connaître dans la chronique de cette revue (numéro de juin 1910, sixième livraison).

Mardi, neuvième journée (21 juin)

La matinée du dernier jour du Congrès était destinée à une excursion au *château du Plessis-Bourré*, du nom, du célèbre secrétaire de Louis XI, construit en 1466 et terminé en 1473. Il forme un grand parallélogramme, entouré de douves et flanqué de tours rondes aux angles que celui-ci, qui s'était épris d'art au contact des Flamands, avait entrepris d'élever dans son pays d'Anjou, sur la terre du Plessis-le-Vent qu'il avait acquise en 1462, afin d'y rassembler les objets rares et précieux qu'il avait recueillis dans ses voyages.

A leur retour, les Congressistes vont voir dans l'après-midi l'église Saint-Serge, très admirée pour les belles proportions de son chœur (XIIIe siècle), l'élégance de ses voûtes angevines et la hardiesse des colonnes sur lesquelles elles reposent comme à l'hôpital Saint-Jean. Ils font un pieux pèlerinage aux *ruines de Toussaint*, « cette reine des cons- « tructions des Plantagenet, qui ne sera bientôt plus qu'un souvenir », chef-d'œuvre connu de l'Europe savante, dit Bodin [1], « lequel n'avait jamais été remarqué, ajoute « M. Godard, par les Angevins, qui l'ont laissé s'écrouler, « en 1815, faute d'avoir entretenu la toiture ».

Toute consigne levée, les membres du Congrès font ensuite

---

[1] V. de la Lande, *Voyage en Italie*, t. I, p. 150.

leur entrée au *château*, ayant à leur tête M. le chanoine Urseau, qui donne les renseignements les plus autorisés sur son origine, la date de sa construction et sa composition. On parcourt les salles du petit château affectées à un dépôt d'armes et les remparts d'où l'on découvre toute la ville et suit le cours de la Maine.

Puis de là on revient, non sans avoir remarqué la *Maison Adam* et son parfait état d'entretien, au logis *Pincé*, où M. Paul Vitry, conservateur au Musée du Louvre, nous en fait apprécier toute la beauté par des explications pleines d'intérêt et détermine les différentes époques de sa construction.

La dislocation se produit à la place du *Ralliement* et, comme la journée n'est pas encore finie, beaucoup de membres prennent d'assaut les tramways pour explorer la ville dans des directions diverses.

Ainsi s'acheva à Angers, la soixante-dix septième session du Congrès de la Société archéologique de France ; elle n'a été signalée ni par l'importance ni par le nombre des communications ; mais les visites aux monuments ont été très suivies et les magistrales conférences qui en ont été le complément ont mis en pleine lumière tout l'intérêt qui s'attache à nos voûtes, constituant un style particulier qui s'impose aux provinces voisines, par l'élégance de ses nervures, la hardiesse de ses conceptions et la solidité de ses constructions ; il jette un reflet glorieux sur notre art architectural, lequel se continue jusqu'au xvie siècle avec Jean de L'Espine.

Nous ne pouvons méconnaître que le nombre et la valeur des adhérents au Congrès, aussi bien que le mouvement qui s'est produit depuis quelques années, tant à Paris qu'en province, pour la défense de nos monuments anciens et de la beauté de nos sites, témoigne, qu'en se multipliant les facilités de transport et partant la connaissance plus intime de la France et de ses richesses artistiques ont amené le public à se montrer plus justement soucieux de la sauvegarde de ce patrimoine précieux que nous a légué le passé.

Sans désavouer les compliments du général Avon et incriminer les hommes d'aujourd'hui, on ne peut que regretter toutefois la disparition d'édifices comme l'église Toussaint, la maison d'Abraham (Michel), pour y substituer un hideux rempart de planches qui s'éternise et fait tache sur cette curieuse place du Pilori ; qu'il est non moins fâcheux que la ville d'Angers, qui possède un des plus intéressants musées de sculpture de France, mais dont l'accès tortueux reste ignoré de beaucoup d'étrangers, ne puisse par un dégagement complet de la tour Saint-Aubin, présenter à ceux-ci, arrivant de la gare Saint-Laud par la rue des Lices, une amorce à la rue du Musée avec plaque indicatrice plus apparente de son nom que celui crayonné au charbon qui existe.

9 782019 217198